글 | 김빈애
중앙대학교에서 문예창작을 공부하고, 오랫동안 아이들에게 국어와 논술을 가르쳤습니다.
지금은 두 아들과 더불어 나날이 웃고 화내고 토라지고 뒹굴며 살고 있습니다.
쓴 책으로는 〈생일 축하해〉, 〈아가야, 내 말 들려?〉, 〈아기 사자 잠보〉 등이 있습니다.

그림 | 오윤화
만화를 좋아해서 그림을 그리기 시작했고,
꼭두 일러스트레이션 교육원을 졸업한 후 어린이 책에 그림을 그리고 있습니다.
그린 책으로는 〈돌고래 파치노〉, 〈귀신새 우는 밤〉,
〈완벽한 가족〉, 〈아빠는 오늘도 학교에 왔다〉 등이 있습니다.

누리 세계문화 16 스위스 납치된 가족은 누구?

글 김빈애 | 그림 오윤화 | 펴낸이 김의진 | 기획편집총괄 박서영 | 편집 정재은 이영민 김한상 | 글 다듬기 박미향 | 디자인 수박나무
제작·영업 도서출판 누리 | 펴낸곳 Yisubook | 주소 경기도 고양시 일산동구 일산로67, 3층 | 고객상담실 080-890-7000
잘못된 책은 바꾸어 드립니다. 이 책에 실린 글이나 그림을 무단으로 복사, 복제, 배포하는 것을 금합니다.
△1. 사람을 향해 던지거나 떨어뜨리지 마십시오. 2. 고온 다습한 장소나 직사광선이 닿는 장소에는 보관하지 마십시오.

납치된 가족은 누구?

글 김빈애   그림 오윤화

오늘부터 방학이야, 야호!
"피터, 집으로 바로 가니?"
"아니, 오늘은 무지개가 보일지도 모르잖아."
나는 곧바로 분수가 있는 공원으로 달려갔어.
빌이 말을 걸어오다니 다행이야.
나한테 달리기를 져서 화가 나 있을 줄 알았거든.

하늘 높이 솟아오르는 제트 분수를 보면
언제나 기분이 상쾌해져.
운이 좋아서 무지개까지 보게 되면 상상하곤 해.
반달 모양 *레만 호수 끄트머리에서 알프스로 뻗어 나가는 무지개!
참 예쁘겠지?
하지만 오늘은 무지개가 뜨지 않네.

나는 일부러 멀리 돌아서 집으로 가.
"어디까지 왔니, *국제 적십자까지 왔다,
어디까지 왔니, *국제 연합까지 왔다,
어디까지 왔니, *유니세프까지 왔다."
제네바에는 *국제기구가 많으니까
아주 길게 노래할 수 있어.

강아지 스팟이 왜 뛰어나오지 않지?
어, 우편함에 내 이름이 적힌 편지가 있어.
편지를 뜯어보고 나는 깜짝 놀랐어.

이럴 때일수록 침착해야 한다는 걸 잘 알고 있지.
누굴까? 누구를 납치한 걸까?
"엄마!"
우리 엄마는 국제 연합에서 일해.
납치하기 좋은 상대지.
나는 얼른 국제 연합으로 달려갔어.

다행히 엄마는 무사해.
"엄마, 큰일 났어요!
납치범이 우리 가족을 데리고 있대요!"
"뭐야? 도대체 누굴 납치한 거야?"
엄마와 나는 동시에 소리쳤어.
"할아버지!"

할아버지는 시계 기술자야.
핀셋으로 하나하나 부품을 조립하는 스위스 시계는
아무나 만들 수 있는 게 아니야.
그러니 정말 납치하기 좋은 상대지.
엄마와 나는 얼른 시계 공장으로 갔어.

휴, 다행이야. 할아버지도 무사해.
"할아버지, 큰일 났어요!
납치범이 우리 가족을 데리고 있대요!"
"뭐야? 도대체 누굴 납치한 거냐?"
우리는 셋이 똑같이 외쳤어.
"아빠!"
그러고는 얼른 목장으로 달려갔지.

아빠는 요들송 페스티벌에서 우승한 목동이야.
요들송은 스위스 곳곳에서 부르는 노래지만
누구나 우승하는 건 아니지.
그러니 아빠도 납치할 만한 상대야.

여름이라 아빠는 양을 몰고 산 중턱에 올라가 있어.
멀리서 아빠가 우리를 보고 요들송을 불렀어.
"요들레이요오~!"
다행이야, 아빠도 무사해.

마음이 놓인 나는 배가 고파서 털썩 주저앉았어.
엄마는 서둘러서 퐁듀를 준비했어.
끓인 치즈에 빵도 찍어 먹고, 과일도 찍어 먹었지.
배가 불러서 늘어져 있다가 정신이 번쩍 들었어.
"삼촌!"

삼촌은 내로라하는 스키 선수야.
나도 세 살 때부터 스키를 탔지만
유럽의 지붕이라 불리는 알프스 험한 산에서
자유롭게 스키를 탈 수 있는 사람은 드물지.
아무렴, 납치할 만하고말고.
우리는 서둘러 삼촌이 자주 가는 체어마트로 갔어.

그런데 체어마트에서는 독일어를 쓰지 뭐야.
프랑스 어를 쓰는 나는 한마디도 못 알아듣겠어.
스위스는 지역에 따라 쓰는 말이 달라.
나는 이탈리아 어와 로맨스 어도 못 알아들어.
"스위스는 작은 나라니까 한 가지 말을 정해서 쓰면 안 돼요?"
내가 묻자 할아버지가 말했어.
"억지로 하나로 만드는 게 더 나쁠 수도 있지 않겠니?
서로 달라도 사이좋게 어울려 사는 나라가 바로 스위스야."

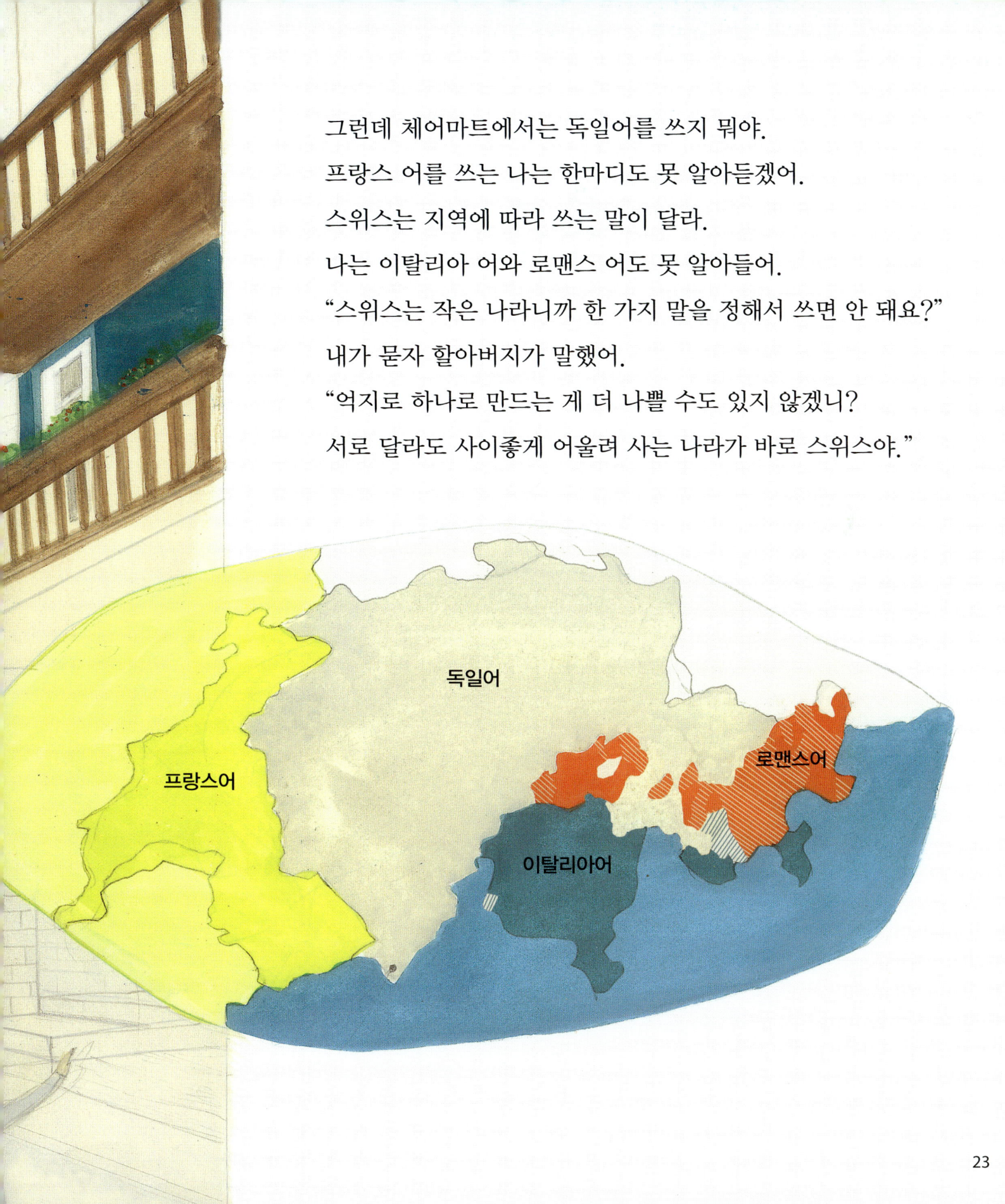

산악 기차와 케이블카를 타고 체어마트 스키장에 올랐어.
웅장한 마터호른 봉우리와 거대한 빙하를 보니 입이 딱 벌어져.
마터호른의 한쪽은 스위스 땅이고, 한쪽은 이탈리아 땅이야.
삼촌은 스키를 타며 국경을 넘나든다고 좋아했지.
옛날 알프스는 여러 나라를 넘나드는 중요한 길목이었다니
다들 삼촌만큼 스키를 잘 탔던 걸까?

우리는 삼촌을 찾을 수 없었어.
"산악 구조대한테 말하는 게 어때?
스위스 산악 구조대라면 금방 찾아낼 거야."
아빠 말이 맞아.
스위스 산악 구조대는 다른 나라까지 달려가곤 하니까.
"잠깐, 한 번만 더 전화해 보고."
신호가 가는 동안 우린 모두 숨을 죽였어.
"여보세요?"
휴, 삼촌이 전화를 받았어!

삼촌은 집에서 자고 있었지 뭐야.
그럼 납치된 가족은 누구냐고?

"빌이 스팟을 납치했다지 뭡니까?"
"미, 미안해. 너한테 져서 화가 나서 그랬어."
그러니까 납치범은 빌이고, 납치된 가족은 스팟이었던 거야.
우리 집 강아지 말이야.
스팟도 가족인데 떠올리지 못하다니.
미안해, 스팟!

여기는 스위스!

정식 명칭	스위스 연방
위치	유럽 중앙부
면적	약 4만 1천 km²
수도	베른
인구	약 806만 명
언어	독일어, 프랑스 어, 이탈리아 어, 로맨스 어
나라꽃	에델바이스

베른
스위스의 수도야. 1191년 도시 건설자가 군사적인 요새로 만든 도시야. 시 전체에 중세적인 분위기가 감돌아. 연방 의사당, 정부 청사, 시청사 등이 있어.

제네바
스위스 제3의 도시야. 국제기구가 많아서 국제회의가 자주 열리지. 프랑스와 스위스를 이어 주는 철도와 도로가 지나고, 국제공항이 있어서 스위스 서쪽 교통의 중심지야.

취리히

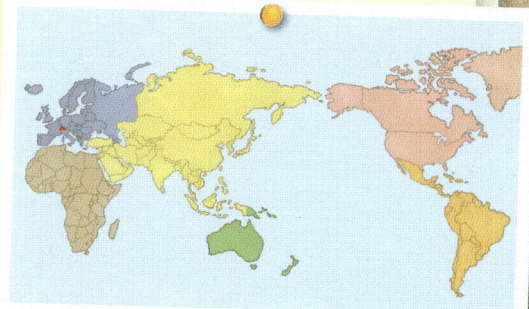

북쪽으로 독일, 동쪽으로 리히텐슈타인, 오스트리아, 남쪽으로 이탈리아, 서쪽으로 프랑스와 닿아 있어

알프스 산맥

알프스 산맥
유럽의 중남부에 있는 큰 산맥으로 스위스, 프랑스, 이탈리아, 오스트리아에 걸쳐 있지. 유럽에서 가장 높은 산맥인데, 그중 최고봉은 높이 4,807미터인 몽블랑이야.

빙글뱅글 누리

알프스 산에서 어떻게 생활할까?

알프스는 희고 높은 산이라는 뜻이야. 가장 높은 봉우리에는 일 년 내내 녹지 않는 눈이 쌓여 있지. 스위스 땅의 절반은 알프스 산맥으로 이뤄져 있어. 대부분 평지에 있는 도시에서 살지만 산기슭에서 사는 사람도 많지. 알프스 산에서 어떻게 살아가는지 궁금하지?

가축을 기르는 사람들

스위스 사람들은 산비탈에 작은 통나무집을 짓고, 울타리를 쳐서 소들을 풀어 놓고 길러. 여름이면 날씨도 선선하고 풀이 많이 자라 산 중턱까지 가축들을 몰고 올라가지. 요들송은 흩어져 있는 소와 양을 모으기 위해 외치던 소리라고 해.

치즈와 우유로 만든 음식

스위스는 낙농업이 발달한 나라야. 낙농업이란 가축을 키워서 젖을 짜고, 치즈와 버터 같은 유제품을 만들어 내는 산업이지. 스위스의 대표적인 음식은 주로 우유나 치즈로 만든 거야. 퐁듀도 끓인 치즈에 빵이나 고기를 적셔서 먹는 요리야.

우유를 붓고 한참 끓여서 굳히면 치즈가 돼.

산맥을 오가는 산악 기차

알프스 산맥에는 산악 기차와 케이블카가 있어. 높고 가파른 곳도 어디든 갈 수 있지. 심지어 다른 나라를 갈 때도 산악기차를 타. 알프스 산맥은 스위스, 프랑스, 이탈리아, 오스트리아에 걸쳐 있거든. 오늘날에는 터널이 많이 뚫려서 더 빨리 갈 수 있지.

이런 게 궁금해요!

왜 스위스에는 국제기구가 많이 모여 있는 걸까? 왜 스위스 시계가 유명할까? 왜 지역마다 다른 언어를 쓸까? 궁금한 것들을 알아보자!

왜 국제기구가 많을까?

스위스는 다른 나라의 전쟁에 간섭하지 않는 중립국이야. 입장이 다른 나라들이 모여서 회의하기에 알맞은 곳이지. 그래서 국제기구가 많이 몰려 있어. 세계의 평화를 지키기 위해 만든 국제 연합 유럽 본부도 스위스 제네바에 있지.

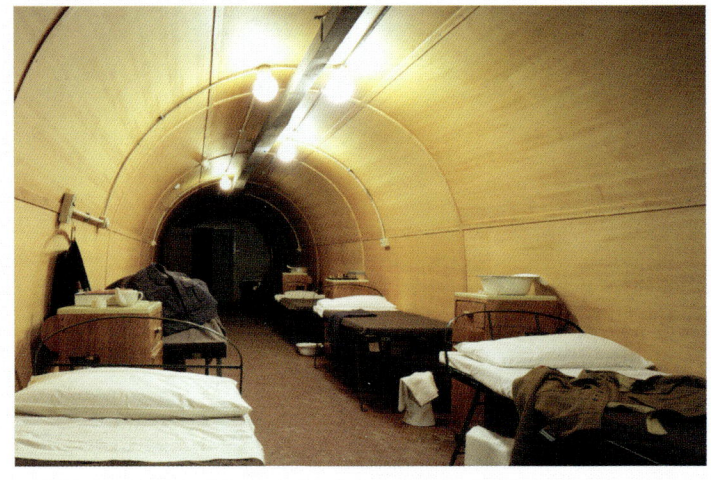

스위스에도 군인이 있어?

스위스 사람들은 힘이 있어야 중립을 지킬 수 있다고 생각해. 그래서 최신 무기를 갖춘 군대를 만들고 남자는 모두 군대에 가도록 정해 두었지. 안전하게 숨을 수 있는 방공호도 마련해 두었어. 스위스의 건물에는 대부분 방공호가 있단다.

알프스 산에도 개가 살아?

세인트 버나드는 스위스의 유명한 개의 종류야. 몸집도 크고 털이 많아서 추위에 강하지. 게다가 영리하고 냄새를 잘 맡아 눈 속에서 길을 잃은 사람을 구해 내는 역할을 톡톡히 해. 목에 매단 통에는 브랜디라는 술이 들어 있는데, 세인트 버나드가 구한 사람은 이 술을 먹고 추위를 녹인다고 해.

칸톤마다 왜 다른 언어를 쓸까?

칸톤은 스위스를 이루는 지방을 뜻해. 여러 칸톤이 모여 스위스를 이룬 거야. 칸톤마다 사용하던 언어를 그대로 쓰고, 법도 저마다 달라. 스위스에는 모두 26개의 칸톤이 있어.

스위스 시계가 왜 최고야?

스위스는 천연자원이 거의 없는 나라야. 그래서 기술을 발전시키는 데 힘썼지. 스위스 시계는 품질이 우수한 데다 모양이 아름다워서 세계적으로 인정받고 있어. 손목에 차는 손목시계, 물이 들어가지 않는 방수 시계도 모두 스위스에서 처음으로 만들었어.

일러두기
1. 맞춤법, 띄어쓰기는 국립국어원에서 펴낸 〈표준국어대사전〉을 기준으로 삼았습니다.
2. 외국 인명, 지명은 국립국어원의 〈외래어 표기 용례집〉을 따랐습니다.

사진제공
토픽이미지, 유로크레온, 연합뉴스, Gettyimages, Imagekorea, 몽골문화촌

재미있는 누리 세계문화

아시아
- 01 중국 | 황제를 만난 타오
- 02 일본 | 요코의 화과자
- 03 베트남 | 할아버지는 어디 계실까?
- 04 태국 | 무아이타이 고수를 찾아라
- 05 필리핀 | 차코의 소원
- 06 인도네시아 | 엄마와 함께 바롱 댄스를
- 07 몽골 | 게르에서 살까?
- 08 네팔 | 정말 예티일까?
- 09 인도 | 하누만, 소원을 들어주세요
- 10 사우디아라비아 | 지금은 라마단
- 11 터키 | 할아버지의 마법 양탄자

유럽
- 12 영국 | 앨리스와 스펜서 백작
- 13 프랑스 | 소원을 들어주는 빵
- 14 네덜란드 | 여왕님의 생일 선물
- 15 독일 | 우리는 동화 마을 방위대
- 16 스위스 | 납치된 가족은 누구?
- 17 이탈리아 | 가방이 바뀌었어
- 18 그리스 | 주문을 외워 봐
- 19 에스파냐 | 엉뚱 할아버지의 집은 어디?
- 20 스웨덴 | 삐삐와 바이킹 소년
- 21 덴마크 | 레고랜드로 간 삼촌
- 22 러시아 | 나타샤의 꿈
- 23 체코 | 슈퍼맨 마리오네트
- 24 루마니아 | 도둑을 잡으러 간 소린

아메리카
- 25 미국 | 플루토 스팟을 찾아가요
- 26 캐나다 | 퍼레이드가 좋아
- 27 멕시코 | 사라진 태양의 왕국
- 28 쿠바 | 말랭이 영감 다리 나았네
- 29 브라질 | 삼촌의 선물
- 30 페루 | 고마워요, 대장 콘도르
- 31 칠레 | 펭귄을 데려다 주자

아프리카
- 32 이집트 | 파라오의 마음이 궁금해
- 33 나이지리아 | 힘차게 달려라, 나이지리아
- 34 케냐 | 마타타의 신나는 사파리 여행
- 35 남아프리카 공화국 | 루시와 마누 친구

오세아니아
- 36 오스트레일리아 | 오페라 하우스를 그려 봐
- 37 뉴질랜드 | 하우, 너라면 할 수 있어
- 38 투발루 | 간장 아가씨, 바닷물을 조심해요

주제권
- 39 화폐 | 돈조아 임금님의 퀴즈
- 40 다문화 | 달라도 괜찮아
- 41 옷 | 외계인 빠숑 옷 구경 왔네
- 42 신발 | 클로그를 신을까, 바부슈를 신을까?
- 43 음식 | 황금 포크는 내 거야
- 44 스포츠 | 뚱아 덕아 운동 좀 하자
- 45 괴물 | 유치원에 괴물이 나타났어요

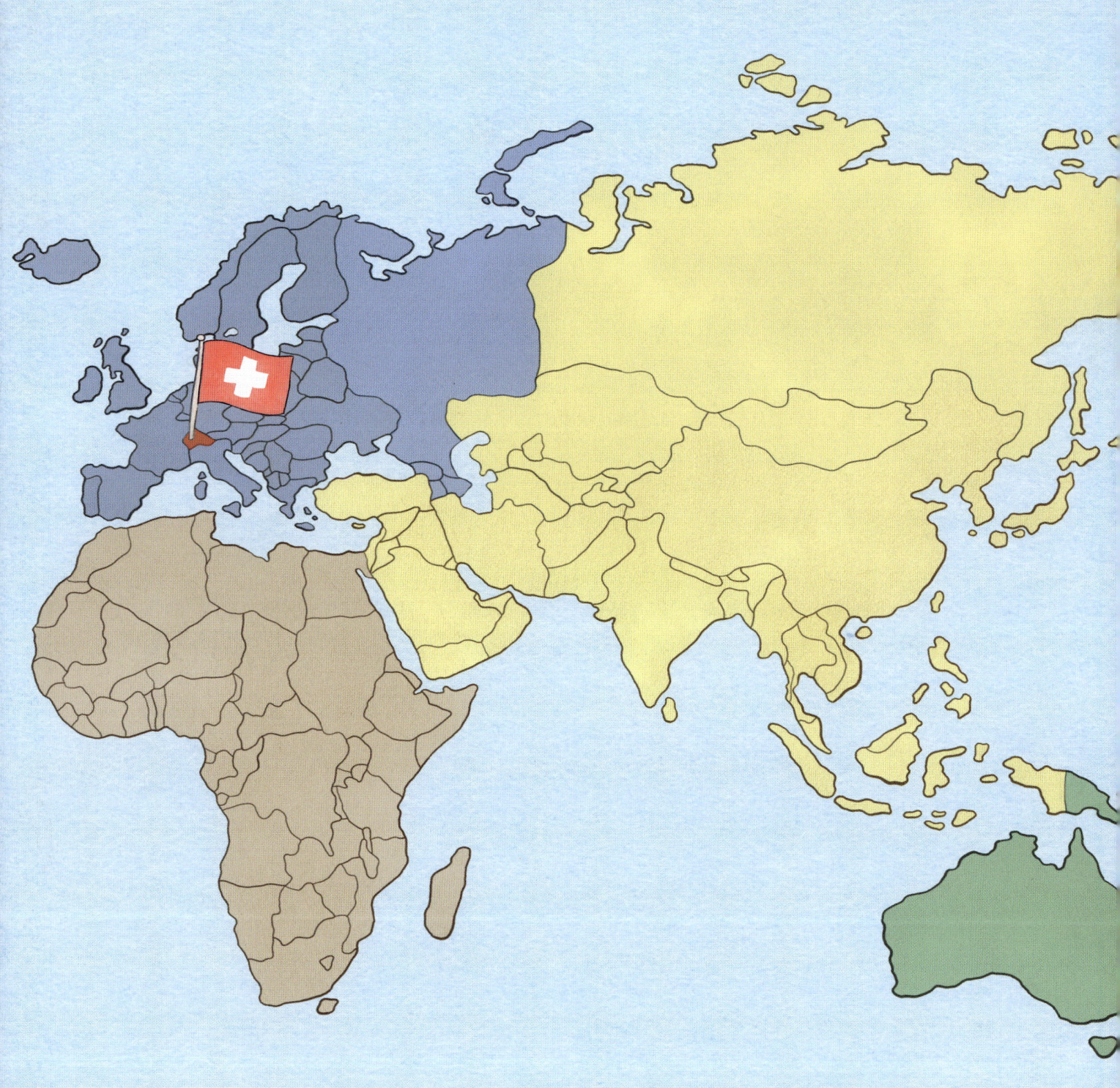